Pamela Roppel

Geldgeschenke

originell gefaltet

Neue Ideen

Die Beschreibung zum Bild von Seite 1 finden Sie auf Seite 18, die Beschreibungen zum Stift finden Sie auf Seite 12 und die zum Schulranzen auf Seite 10.

Fotos: frechverlag GmbH, 70499 Stuttgart;
Fotostudio Ullrich & Co., Renningen
Studio Tümmers, Leinfelden-Echterdingen
(Schritt-für-Schritt Fotos)

Dieses Buch enthält:
1 Vorlagenbogen

Auflage: 10. 9. 8. 7. 6. | Letzte Zahlen
Jahr: 2010 2009 2008 2007 2006 | maßgebend

frechverlag GmbH, 70499 Stuttgart
Druck: frechdruck GmbH, 70499 Stuttgart

ISBN 3-7724-3131-3 · Best.-Nr. 3131

Liebe Leserinnen und Leser,

mit diesem Buch möchte ich Ihnen wieder neue Ideen zeigen, wie Sie Ihre Geldgeschenke auf eine ganz besondere Art präsentieren können.
Durch das direkte Herstellen des Präsentes aus dem zu verschenkenden Geld ernten Sie bei dem Beschenkten sicherlich größte Aufmerksamkeit.
Leider sind die Geschenkmöglichkeiten durch die Euroumstellung etwas teurer geworden, da der kleinste Schein nun ein 5-Euro-Schein im Gegensatz zum 5-DM-Schein ist.
Auch die Farbgestaltung ist mit Grau in der kleinsten Größe etwas eingeschränkt.
Trotzdem haben Sie mit diesem Buch wieder die Möglichkeit, die Wünsche des Beschenkten Gestalt annehmen zu lassen. Dadurch wird die Übergabe sicherlich zu einem besonderen Ereignis.
Ich wünsche Ihnen viel Erfolg beim Umsetzen der Gestaltungsvorschläge und viel Spaß beim Schenken.

Ihre

Für die Herstellung der einzelnen Modelle benötigt man grundsätzlich Folgendes:

- Schere
- Bleistift
- Klebefilm, klar, 12 mm breit
- Fotokleber (erhältlich in Kaufhäusern und Fotogeschäften)
- Cuttermesser
- Schneidematte
- Lineal

Diese Utensilien sind nicht noch einmal in den einzelnen Materialangaben aufgeführt.

Arbeitshinweise

Die Anleitungen beziehen sich auf Euroscheine mit deren spezifischen Gestaltungsmerkmalen, wie z. B. dem silber-weißen Rand. Wenn nichts anderes in der Anleitung erwähnt ist, wird der Schein im Sichtbereich immer mit der Scheinvorderseite (dem farbigeren Bauwerkmotiv) verarbeitet. Mit dem Begriff Scheinrückseite sind die helleren Brückenmotive mit Europakarte gemeint.

Bezeichnungen:

Längsseite oben

- Breitseite
- links

Schein-Vorderseite

- Höhe
- rechts

Längsseite unten

Der Vorlagenbogen ist so gestaltet, dass die im Buch verwendeten Scheine direkt auf den Bogen gelegt werden können. Andere Scheingrößen werden durch Umfalten einer Längs- und Breitseite auf die Grundgröße des verwendeten Scheins gebracht.

Die Klebematerialien lassen sich vom Beschenkten problemlos vom Geld entfernen. Trotzdem empfiehlt sich eine sparsame Anwendung. Oft reicht schon ein halbierter oder geviertelter Fotokleber bzw. ein kleiner Streifen Klebefilm.

Wenn im Buch von zusammengerolltem Klebefilm die Rede ist, wird aus einem Klebestreifen, mit der Klebeseite nach außen, eine Rolle gemacht. So entsteht eine doppelseitige Klebemöglichkeit für größere Flächen.

Vorschläge, die den finanziellen Rahmen sprengen, können durch farblich passendes Papier ersetzt werden. Am besten eignet sich Briefpapier, da es ungefähr die Stärke eines Geldscheins hat. Dafür wird das Papier in der Größe des benötigten Scheins zurechtgeschnitten.

Als Verpackung für Ihr Geldgeschenk empfiehlt sich Klarsichtfolie.

Geldpakete

Großes rotes Päckchen

Für den Deckel werden zweimal drei Scheine an der Längsseite mit schmal geschnittenen Fotoklebern und 5 mm Überlappung aneinander geklebt. Bei den so entstandenen Dreierstreifen wird der silberweiße Rand in einem Stück nach hinten gefaltet und auf der Rückseite mit Klebefilm befestigt. Die gefaltete Kante eines Streifens wird von hinten mit kleinen Fotoklebern bestückt und auf den linken weißen Rand des anderen Dreierstreifens gesetzt. Auf diesem Rechteck werden von der rechten Seite 13,8 cm abgemessen. Dieses Maß wird auch für die Höhe genommen, Markierung mit Bleistift auf der Vorderseite. Die Ränder oben, unten und links bis zur Markierung auf die Rückseite knicken und mit Klebefilm befestigen. Auf dieses Quadrat wird mit Bleistift nochmals 3 cm von jedem Rand ein weiteres Quadrat in der Größe 7,8 cm x 7,8 cm eingezeichnet. Entlang dieser Linien werden die vier Scheinseiten als Seitenwände umgeknickt und an den Ecken in die entstandenen kleinen Quadrate eine Diagonalfalte gesetzt. Jetzt mit Klebefilm oder Fotoklebern die kleinen Dreiecke an den Seitenwänden von innen befestigen. Für das Unterteil werden fünf Scheine an der Längsseite mit 5 mm Überlappung mit schmalen Fotoklebern aneinander gefügt. Von diesem Fünferstreifen wird der linke weiße Rand in einem Stück nach hinten geknickt. Nicht festkleben. Mit dem Bleistift auf dem Streifen vier 7,5 cm breite Stücke markieren und an diesen Stellen den Scheinstreifen knicken. Die so entstandene Box durch

Material großes rotes Päckchen

- 11 Scheine á 10 Euro
- 1 Schein á 5 Euro
- Blumendraht in Silber, ø 1 mm
- Schleifenband in Grün, 1,5 cm breit, 1 m lang

den Überhang mit Fotoklebern schließen. Der vorher eingefalzte Rand kann nun wieder umgeknickt und als Boden mit Klebefilm geschlossen werden.

Graues Päckchen

Der Deckel wird aus zwei Zweierstreifen genauso wie beim roten Päckchen hergestellt. Die Quadratgrößen betragen hier 12 cm x 12 cm und 8,4 cm x 8,4 cm. Der Rand ist 1,8 cm hoch. Das Unterteil wird wie der Deckel des roten Paketes aus zwei Dreierstreifen gemacht. Quadratgrößen: 14,8 cm x 14,8 cm und 8 cm x 8 cm. Der Rand ist 3,4 cm hoch.

Blaues Päckchen

Der Deckel ist aus einem Schein mit Quadratgrößen 7,2 cm x 7,2 cm und 4,2 cm x 4,2 cm. Der Rand beträgt hier 1,5 cm. Das Unterteil wird wie der blaue Deckel hergestellt. Größen: 7,2 cm x 7,2 cm und 3,8 cm x 3,8 cm. Der Rand ist 1,7 cm hoch. Damit bei der Verwendung von nur zwei Scheinen der Deckel nicht über dem Unterteil verschwindet, wird das Paket mit einem Pappgerüst gemäß Vorlagenbogen gefüllt, welches mit zusammengerolltem Klebefilm am Boden des Paketinneren befestigt wird.

Material graues Päckchen

- 10 Scheine á 5 Euro
- 1 Schein á 10 Euro
- Blumendraht in Silber, ø 1 mm
- Schleifenband in Rot, 1,5 cm breit, 1 m lang

Material blaues Päckchen

- 2 Scheine á 20 Euro
- Pappe, dünn
- Schleifenband in Blau, 1 cm breit, 50 cm lang

Vorlagenbogen A

Tipp

Die Pakete können Sie aus allen Scheinsorten immer nach dem selben Prinzip anfertigen bzw. bei zu hohem Geldeinsatz auch Deckel oder Unterteil alternativ aus Tonpapier basteln.

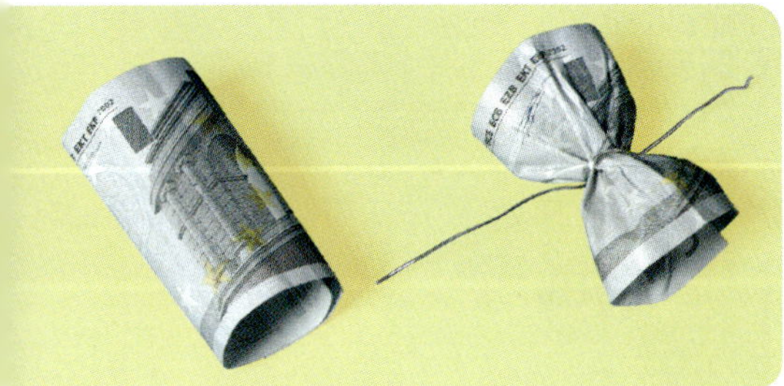

Schleifen

Für die Schleifen wird ein Schein gerollt und die Überschneidungsstelle mit Klebefilm befestigt. Die Rolle in der Mitte zu einer Schleife zusammendrücken und mit Draht umwickeln. Mit Band am Geldpaket befestigen.

Der Kinderwagen

Material

- 5 Scheine á 5 Euro
- 2 Scheine á 10 Euro
- 4 Münzen á 1 Euro
- Silberdraht, ø 1,2 mm
- Blumendraht in Silber, ø 1 mm
- Pappe, dünn
- Drahtzange und Drahtkneifer
- Küchen- bzw. Toilettenpapier

Vorlagenbogen A

Körbchenboden und -umrandung vom Vorlagenbogen auf ein Stück dünne Pappe übertragen und ausschneiden. Langen Pappstreifen mit Klebefilm Stück für Stück am Pappboden befestigen. Scheinrückseite als Sichtseite benutzen.
Für die Umrandung werden bei zwei Scheinen der kleine linke weiße Rand nach hinten gefaltet und festgeklebt. An der Faltkante Fotokleber befestigen und auf den rechten weißen Rand eines ungefalteten Scheins setzen. An dieser Reihe wird der zweite gefaltete Schein auf dem rechten weißen Rand befestigt. Am gesamten Scheinstreifen einen 1 cm breiten Rand nach hinten falten und an der Unterseite des Körbchenbodens festkleben. Überhang um den Rand in das Körbchen knicken.
Für das Verdeck zwei Scheine an der Längsseite mit 5 mm Überlappung mit schmalen Fotoklebern aneinander kleben und nach Vorlage falten. Das Dach am Körbchen festkleben.

Die Bettdecke nach Vorlage falten. Entstandene Rolle an einem Ende zukleben und mit Küchen- oder Toilettenpapier ausstopfen. Danach andere Öffnung zukleben. Genauso wird das Kissen gearbeitet. Kissen und Decke mit zusammengerolltem Klebefilm im Körbcheninneren befestigen. Das Gestell wird aus sechs Silberdrahtstücken gemäß Vorlagenbogen geformt. Unterteil für die Räder biegen und zweiten kleinen Drahtbügel am Gestell durch Zukneifen der Schlaufen befestigen. Körbchenhalterung zum „U" biegen und mit Klebefilm unten am Korb befestigen. Lenker durch die Halterung fädeln und hinten am Radgestell mit den geformten Haken einhängen.
Zwei Seitenstangen hinten an der Halterung und vorne am

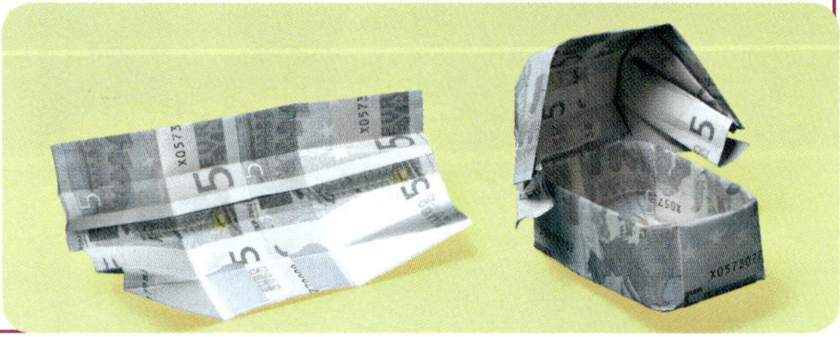

Radgestell einhängen. Alle Drahtschlaufen mit der Zange zukneifen. Zur weiteren Stabilisierung Blumendraht um die sich kreuzenden Stangen wickeln.

Für die Räder vier Münzen mit Blumendraht gemäß Vorlage umwickeln. Das Drahtende nach Abschluss der Schritte durch die entstandenen Schlaufen auf der Rückseite der Münze ziehen. Die Räder mit dem Drahtüberhang durch mehrfaches Durchfädeln bzw. Umwickeln am Radgestell befestigen.

Der Schulranzen

Material

- 4 Scheine á 5 Euro
- 3 Scheine á 10 Euro
- Blumendraht, ø 1 mm
- Pappe, dünn
- Teppichklebeband
- Küchen- bzw. Toilettenpapier
- Hologramm- oder Plastikklebefolie (d-c-fix) in Silber, Gelb

Vorlagenbogen A

Von einem 5-Euro-Schein den rechten silber-weißen Rand nach hinten falten und an der Falzkante schmale Fotokleber befestigen. Diese Kante auf den linken weißen Rand eines weiteren 5-Euro-Scheins setzen und nach Vorlage weiterarbeiten. Für die Seitenwände von einem 10-Euro-Schein den linken weißen Rand auf die Rückseite knicken und die Faltkante mit Fotoklebern auf dem rechten weißen Rand eines auf dem Kopf liegenden 10-Euro-Scheins befestigen. Bei diesem Scheinstreifen oben und unten 1 cm nach hinten umknicken. Den vorher vom Vorlagenbogen aus Pappe angefertigten Streifen auf die Rückseite des Scheinstreifens in die Mitte legen. Beide Seiten und dann die Enden um den Pappstreifen knicken und festkleben. Den Streifen an den gekennzeichneten Stellen falten und mit Fotoklebern am Boden des Ranzens befestigen. Die Seitenwände innen am Ranzen mit Klebefilm befestigen

Kleine Tasche nach Vorlage fertigen. Tasche mit Küchenpapier füllen und am Ranzen befestigen. Für die Träger von zwei 5-Euro-Scheinen den linken weißen Rand nach hinten falten und mit Klebefilm ein Stück Draht in der Mitte jedes Scheins befestigen. Die Scheine in 6 mm kleinen Stücken zu dünnen Bügeln knicken und die Enden in kompletter Länge mit Klebefilm befestigen. In Form biegen und mit Teppichklebeband am Ranzen befestigen. Ranzen mit aufgerolltem Klebefilm schließen.

Aus d-c-fix-Folie Leuchtstreifen und Schnallen gemäß Vorlage auf den Ranzen kleben.

Franka
03.08.2002

Die Stifte

Material roter Stift

- 3 Scheine á 5 Euro
- 3 Scheine á 10 Euro
- Tonpapier in A4 in Chamois
- Pappe, dünn
- Wasserfester Filzstift in Schwarz
- Zirkel
- Teppichklebeband
- Moosgummi in A4, 1 mm stark

Material lila Stift

- 3 Scheine á 20 Euro
- Briefpapier in A4 in Lila
- Tonpapier in A4 in Chamois
- Pappe, dünn
- Wasserfester Stift in Schwarz
- Zirkel
- Teppichklebeband
- Moosgumi in A4, 1 mm stark

Vorlagenbogen B

Von allen sechs Scheinen den linken Rand nach hinten falten, sodass ein 9,1 cm langer Streifen überbleibt. Scheine wenden und mit Bleistift auf dem umgefalteten Rand die Mitte markieren. Die oberen Ecken zur Mitte umfalten und mit Klebefilm befestigen. Von der Mitte zu jeder Seite 1 cm anzeichnen und an dieser Linie die Scheine zur Mitte falten. Die Scheinstreifen der Länge nach mit Klebefilm eng aneinander setzen und in einem Stück die rechten weißen Ränder bis zum silbernen Streifen nach hinten falten und mit Klebefilm befestigen.

Den Stift mit einem Klebefilmstreifen schließen und an den Innenseiten der Spitzen kleine Stücke Teppichklebeband anbringen.

Die Stiftspitze aus der Vorlage auf Tonpapier übertragen und ausschneiden. Zu einer Spitztüte rollen und mit Fotoklebern schließen. Die Spitze durch die Öffnung des Stiftes von oben nach unten schieben und durch Festdrücken fixieren. Mit wasserfestem Filzstift die Stiftspitze aufmalen.

Für den Radiergummi einen Pappstreifen von 9,5 cm x 5 cm fertigen und zu einer Röhre rollen. Enden ohne Überlappung schließen. Ein Stück Moosgummi in der Größe von 10 cm x 5,1 cm mit Teppichklebeband an einer Seite bündig um den Pappkern befestigen. In den Überstand von 1 mm auf der anderen Seite von innen mit Klebefilm einen Deckel befestigen. Dafür mit dem Zirkel einen Kreis von 3,1 cm Durchmesser direkt auf das Moosgummi einzeichnen und ausschneiden. Radiergummi von oben in die Stiftöffnung schieben.

Der Stift in Lila wird wie der Stift in Rot gefertigt. Hier jedoch dreimal das Briefpapier vorab auf die Größe von einem 20-Euro-Schein zurechtschneiden.

2003
Tomke Schneider
Zur Geschäftsübernahme alles Gute
Danja
Herzlichen Glückwunsch
zum Abitur

Die Eisenbahn

(Beschreibung auf Seite 16/17)

Nordenham
Elsfleth

Die Eisenbahn (Abbildung auch auf Seite 14/15)

Material

- 11 Scheine á 5 Euro
- 6 Scheine á 10 Euro
- 14 Münzen á 1 Euro
- Fotokarton in Schwarz
- Klebefolie (d-c-fix) in Schwarz
- Silberdraht, ø 1,2 mm
- Blumendraht, ø 0,8 mm
- Teppichklebeband
- Pappe, dünn

Vorlagenbogen B

Die Unterbauten der Lok und der Waggons laut Vorlagen aus Fotokarton herstellen.
Für die Waggon- und Lokwände mit Rundbogen den rechten silberweißen Rand der Scheine nach hinten falten und fixieren. Umrandung des Musters vom Vorlagenbogen mit Bleistift mittig auf der Vorderseite des Scheins gemäß Abbildung markieren.
Zum Weiterarbeiten den Schein auf die Rückseite wenden. In kleinen Schritten den Schein so weit umknicken, bis die Bleistiftstriche zum Vorschein kommen. Die Rundung mit Klebefilm fixieren. Die Seiten und den Bodenfalz nur einknicken. Zwei Seitenwände mit Bogen ineinander stecken, sodass sich eine Länge von 7 cm ergibt, und die Überlappung mit Klebefilm fixieren. Für die Lok haben die Seitenwände einen Abstand von 4 cm. Um die geraden Seitenwände zu befestigen, die seitlichen Überstände mit Fotoklebern versehen.
Für die geraden Seitenwände die Scheine durch Umknicken des rechten und linken Randes für die Waggons auf eine Länge von 7 cm und für die Lok auf 4 cm bringen. Alles fixieren. Am unteren Ende der Scheine ein Stück umfalten, sodass 5 cm des Scheines als Seitenwandhöhe stehen bleiben. Die Scheine bilden ein „L". An den Wänden des ersten Bastelschrittes mit Fotoklebern befestigen.
Die Waggons und das Lokführerhaus mit Fotoklebern auf die schwarzen Pappböden kleben.
Für die Dächer von den Scheinen den rechten und linken Rand nach hinten falten, sodass eine Länge von 7,5 cm bei den Waggons bzw. 5,5 cm für die Lok verbleibt. Auf der Rückseite alles mit Klebefilm fixieren und drei Drahtstücke in regelmäßigen Abständen festkleben. Das Dach rund formen und mit Klebefilm von innen an der Lok bzw. am Waggon anbringen. Waggons und Lok mit Fenstern aus schwarzer Klebefolie versehen. Die Motive finden Sie auf dem Vorlagenbo-

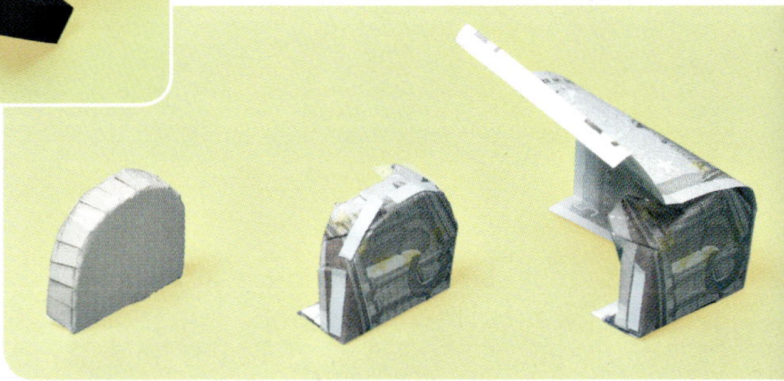

gen. Nun die Umrisse für den Kessel der Lok zweimal auf dünne Pappe übertragen und ausschneiden. Pappstücke wie in der Abbildung falten und das Vorderteil mit einem zur Hälfte gefalteten Schein mit Fotoklebern und Klebefilm bestücken. Auf der rechten Seite eines Scheins einen 7 mm breiten Falz setzen und bündig am Boden der Kesselvorderseite befestigen. Schein stramm über den gebogenen Teil ziehen, der zuvor mit Fotoklebern bestückt wurde. Das Ende unter den Boden knicken.

Am noch offenen Ende des Kessels das andere Pappstück mit Fotoklebern einfügen und auf dem schwarzen Untergrund und am Lokführerhaus mit Fotoklebern fixieren.

Den Schornstein laut Vorlage aus Fotokarton arbeiten, eine Röhre formen, zusammenkleben und am Kessel von innen mit Klebefilm befestigen. Die eingeschnittenen Enden in Fächerform zur Mitte umbiegen. Es verbleibt eine kleine Öffnung im Schornstein.

Für die Zugverbindungsstücke Silberdraht gemäß Vorlage in kleine Haken biegen, durch den Fotokarton nach innen stecken und mit Klebefilm befestigen.

Zum Schluss die Münzen mit Teppichklebeband an den Unterbauten befestigen.

Der Fußball

(Abbildung auch auf Seite 1)

Material

- 12 Scheine á 5 Euro
- 4 Blatt Kopierpapier in A4 in Weiß
- 1 Styroporkugel, ø 12 cm
- Pappe, dünn
- Füllwatte
- Pinzette

Vorlagenbogen B

Nach dem Vorlagenbogen die zwei Formen für den Fußball aus dünner Pappe fertigen. Das Kopierpapier pro Blatt in sechs gleiche Teile von je 9,9 cm x 10,5 cm schneiden. Die Sechseck-Schablone mittig auf das Papier legen und die Umrisse mit einem spitzen Bleistift nachzeichnen. Papier wenden und in sechs Schritten das Papier umfalten, bis der Bleistiftstrich gerade noch zu sehen ist. Alles mit Klebefilm in der Mitte fixieren. So insgesamt 20 Stück fertigen. Die Umrisse des Fünfecks wie in der Abbildung auf einem 5-Euro-Schein markieren, bei dem der linke Rand 5 cm nach hinten umgeknickt ist. Auch hier von der Rückseite weiterarbeiten und alle Seiten bis zum Sichtbarwerden des Bleistiftstriches umfalten, nicht fixieren.

Immer fünf Sechsecke mit Klebefilm zu einem Kreis zusammenfügen. Die Seitenlängen müssen übereinstimmen. In die fertigen Kreise mit einer Pinzette das Fünfeck halten und prüfen, ob es genau hineinpasst. Wenn nicht, muss es angepasst werden. Erst wenn es genau passt, auf der Rückseite fixieren. Es werden drei Kreise benötigt. Zwei an einer Seite zusammenfügen und laut Abbildung ein weiteres Sechseck befestigen (hier mit blauem Kreuz gekennzeichnet). Das so entstandene Loch wieder mit einem Fünfeck füllen. An das Sechseck mit dem blauen Kreuz den dritten Kreis kleben und die entstandenen zwei Löcher mit Fünfecken füllen. Drei Sechsecke aneinander kleben (dritter Schritt, in der Abbildung mit blauen Kreuzen gekennzeichnet) und den Streifen an einer Seite mit Klebefilm am Ball befestigen. Das entstandene Loch mit einem Fünfeck füllen. Füllwatte auf den Boden des Fußballes legen und darauf die Styro-

porkugel. Jetzt das andere Ende des Dreierstreifens befestigen und die zwei entstandenen Löcher füllen. An einer Seite das letzte Sechseck befestigen und die drei verbleibenden Fünfecke passgenau einsetzen. Fußball rings um die Kugel mithilfe eines Kochlöffelstiels mit Watte ausstopfen. Öffnung schließen, indem Klebefilmstücke an allen Seiten von innen zur Hälfte befestigt werden und auf die überstehende Hälfte Klebefilm das letzte Sechseck klappen und andrücken.

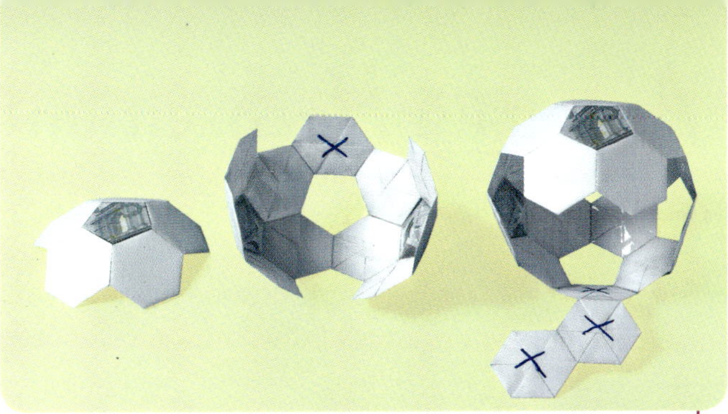

Tipp

Mehrere Schenkende können wie eine Fußballmannschaft auf den weißen Feldern des Balls ihre „Autogramme" geben und den Fußball somit zu einem individuellen Präsent machen.

Autos für Hochzeit und Führerschein

Material graues Auto

- 8 Scheine á 5 Euro
- 4 Münzen á 1 Euro
- Pappe, dünn
- Tonpapier in Schwarz
- Silberfolie
- d-c-fix in Rot, Gelb, Hellblau
- Teppichklebeband

Material rotes Auto

- 11 Scheine á 10 Euro
- 4 Münzen á 2 Euro
- Pappe, dünn
- Tonpapier in Schwarz
- Silberfolie
- d-c-fix in Rot, Gelb, Hellblau
- Samtfaden in Grün, ø 2 mm
- Teppichklebeband
- Erika-Girlande, 12 cm lang
- Alurohr, ø 1 cm
- Eisensäge
- Schmirgelpapier

Vorlagenbogen B

Graues Auto

Wagenumriss zweimal vom Vorlagenbogen auf Pappe übertragen und ausschneiden. Für das Mittelstück wird ein Pappstreifen von 6,2 cm x 17,5 cm benötigt. Die drei Pappteile mit Klebefilm aneinander fügen, sodass ein Pkw-Rohling entsteht. Dieser wird an den beiden Seitenwänden mit drei Scheinen beklebt. Den ersten Schein zur Hälfte falten und mit Fotoklebern bündig am hinteren Kotflügel ansetzen. Den Überhang oben fest aufs Autodach falten und nach unten um die Pappkarosserie. Alles festkleben. Für den vorderen Teil den rechten und linken Rand eines Scheins nach hinten falten, sodass ein 3,8 cm breiter Streifen verbleibt. Auch diesen bündig am vorderen Kotflügel ansetzen und die Überhänge fest auf der Motorhaube und unter der Karosserie festkleben. Den mittleren Teil bildet ein Scheinstreifen, der durch Umfalten des linken und rechten Rands auf 4,5 cm Breite gebracht wird.
Für das Autodach an einem Schein den linken weißen Rand nach hinten knicken und fixieren. Den auf der Rückseite mit Fotoklebern bestückten Falzrand auf den linken weißen Rand eines auf dem

Kopf liegenden Scheins kleben. Entlang der Seiten des mittleren Pappstreifens Fotokleber setzen. Den Scheinstreifen bündig am hinteren Ende ansetzen und stramm über das Dach bis zur Motorhaube ankleben. Der Überhang vorne wird um die Pappe gelegt und innen mit Klebefilm befestigt. Münzen als Räder mit Teppichklebeband am Auto anbringen.
Für die Stoßstangen zwei 0,8 cm x 7,2 cm große Stücke aus Pappe ausschneiden und mit einem 3 cm x 7,5 cm langen Stück Silberfolie umwickeln. Der Überhang wird an beiden Seiten nach hinten umgeklappt und die Stangen mit Fotoklebern vorne und hinten am Auto befestigt.
Die Nummernschilder aus schwarzem Tonpapier gemäß Vorlage ausschneiden. Darauf ein beschriftetes kleineres weißes Papier aufkleben. Nummernschilder mit Fotoklebern am Auto befestigen. Auf blaue Klebefolie die Umrisse der Fensterscheiben vom Vorlagenbogen übertragen. Auf die gelbe und rote Klebefolie die Scheinwerfer und Rückleuchten übertragen.

Rotes Auto

Zuerst einen Rohling laut Vorlagenbogen herstellen (siehe Beschreibung graues Auto). Für die Seitenwände braucht man je vier Scheine. Für den vorderen Kotflügel den unteren Rand eines Scheins nach hinten falten, sodass ein 4,7 cm hohes Stück verbleibt. Diesen Schein bündig parallel an der unteren Schräge der Pappseite mit Fotoklebern ansetzen und Überstände umfalten. Der hintere Scheinstreifen hat eine Breite von 4 cm und wird bündig an der Kante angesetzt, wo das Dach den Knick zur Kofferraumklappe macht. Der Überhang wird erst um die hintere Seite auf den mittleren Pappstreifen geknickt und mit Klebefilm befestigt und dann wieder oben und unten umgeklappt. Die anderen beiden Scheine haben eine Breite von 5 cm und werden in der Mitte überlappend an den vorderen und hinteren Schein grenzend angeklebt.
Für das Dach braucht man drei Scheine. An zwei Scheinen den rechten silber-weißen

Rand nach hinten falten und mit Klebefilm fixieren. Den ersten Schein auf den weißen linken Rand des noch ungefalteten Scheins kleben. Auf diesen Scheinstreifen den dritten Schein wieder auf den linken weißen Rand kleben.

Der Streifen wird mit 1,5 cm vorne im inneren Pappgerüst festgeklebt und dann stramm bis nach hinten zum Kofferraum mit Fotoklebern befestigt. Der Überhang hinten wird um die Pappe innen mit Klebefilm fixiert.

Die Münzen als Räder werden mit Teppichklebeband am Auto befestigt.
Für die beiden Stoßstangen aus Pappe zwei 8 cm x 0,8 cm Streifen und für die Silberfolie 3 cm x 8,5 cm ausschneiden.

Fenster, Scheinwerfer, Rückleuchten und Nummernschilder werden wie beim grauen Auto gearbeitet.
Für einen Hochzeitswagen aus einer Erikagirlande ein Herz gemäß Vorlagenbogen arbeiten und mit Fotoklebern auf der Motorhaube befestigen. Auf die Heckscheibe ein mit Samtfaden umrundetes beschriftetes Schild mit Fotokleber anbringen. Für die Dosen mit einer Eisensäge von dem Alurohr sechs 1,5 cm lange Stücke abschneiden und an den Kanten mit Schleifpapier glatt schmirgeln. In die Dosen kleine Stücke Teppichklebeband setzen. Diese anschließend auf den Samtfaden auffädeln und in gleichmäßigem Abstand an dem Klebeband festdrücken.

Weinflaschen für alle Anlässe

Material

- 7 Scheine á 5 Euro oder 10 Euro
- 1 Sekt- oder Weinflasche, 200 ml
- 1 Korken
- Papier in A4

Für den Geschenkkarton

- Wellpappe in A1 in Grün
- Heu
- Teppichklebeband

Vorlagenbogen B

Tipp

Es empfiehlt sich, Flaschen mit gerader Form zu wählen, da das Bekleben ansonsten wellig werden könnte. Meist eignen sich kleine Weinflaschen besser als Sektflaschen.

Zwei Scheine gemäß Abbildung um den unteren Hals legen. Die Scheine an den Enden mit Klebefilm an der Flasche befestigen.
Für den unteren Flaschenteil mit Fotoklebern und 5 mm Überlappung zweimal zwei Scheine an der Längsseite zusammensetzen. Von einem dieser Scheinstreifen den rechten silber-weißen Rand nach hinten umknicken und mit Klebefilm fixieren. Mit Fotoklebern die Falzkante auf den linken weißen Rand des anderen Scheinstreifens setzen. Den gesamten Viererstreifen an den oberen Rand des noch geraden Teils der Flasche anhalten und mit Bleistift das untere Ende der Flasche markieren und einen Falz setzen. Den Scheinstreifen mit Fotoklebern auf dem unteren geraden Teil der Flasche befestigen. Den Überhang in kleinen Schritten zum Flaschenboden knicken und fixieren.
Für den Flaschenhals an der oberen Seite eines Scheines einen 5 mm großen Rand nach hinten falten und fixieren. Diesen mit Fotoklebern an der Flasche befestigen. In die Öffnung einen Korken stecken. Etikett und Banderolen laut Vorlage arbeiten und individuell beschriften.
Für die Box Wellpappe laut Vorlage ausschneiden und mit Teppichklebeband zusammenkleben.

Montana
New Zealand
2003
Jürgen & Hilla
1963
Brake
12,5% Vol.
125 ml
Shiraz
Australien
2002
Jürgen & Gaby
1968
Nordenham
12,5% vol.
175 ml
BCE ECB EZB

Zur heiligen Kommunion herzliche Glückwünsche

Gebetbuch und Glückwunschkarte

Material Buch

- 6 Scheine á 5 Euro
- 1 Schein á 10 Euro
- Briefpapier in A4 in Lachs gestreift
- Tonpapier in A4 in Blau
- Blumendraht, ø 0,8 mm
- Pappe, dünn

Material Karte

- 5 Scheine á 5 Euro
- 1 Schein á 10 Euro
- 2 Blatt Papier in A4 in Weiß marmoriert

Vorlagenbogen B

Buch

Aus blauem Tonpapier zwei Rechtecke in der Größe von 8,5 cm x 12,5 cm ausschneiden. Auf ein Rechteck das Kreuz aus der Vorlage übertragen und mit dem Cuttermesser ausschneiden. Auf der Rückseite rund um das Kreuz Fotokleber setzen. Die silbernen Streifen eines 10-Euro-Scheins auf die Längsachse und von den beiden 5-Euro-Scheinen auf die Querachse setzen. Scheine so mit Klebefilm befestigen, dass nichts vorschaut. Für den Buchrücken braucht man vier 5-Euro-Scheine. An drei Scheinen den rechten kleinen weißen Rand nach hinten falten und festkleben, sodass der silberne Streifen nun den Rand des Scheines bildet. Zwei dieser Streifen seitenverkehrt mit Fotoklebern aneinander setzen, sodass die silbernen Streifen jeweils außen sind und eine Gesamtlänge von 12,5 cm entsteht. Den noch unbearbeiteten vierten Schein von links 7,5 cm nach hinten umfalten. Falzkante mit Fotoklebern an dem linken silbernen Rand des zuvor entstandenen Scheinstreifens befestigen. Den übrig gebliebenen Schein von links 7,5 cm nach hinten und von rechts 3,8 cm zur anderen Seite falten. So entsteht der letzte kleine Scheinstreifen, der auch

mit Fotoklebern fixiert wird. Den gesamten Streifen wenden und auf der Rückseite kleine Drahtstücke in regelmäßigen Abständen befestigen. Die Buchseiten nach der Vorlage anfertigen. Den Pappstreifen mit einem gestreiften Stück Papier in der Größe 4,5 cm x 32 cm mit Klebefilm umkleben. Buchrücken mit Fotoklebern 1 cm in die beiden blauen Papierstücke kleben und zusätzlich mit Klebefilm befestigen. Buchseitenstreifen mit Klebefilm von innen festkleben. Nur das letzte Stück Klebefilm zum Schließen des Buches kommt nach außen.

Karte

Für die Karte ein 19,5 cm x 16 cm großes Stück Papier mit dem Computer beschriften. Vom Vorlagenbogen mit Bleistift die Motive auf die Vorderseite der Karte übertragen und mit dem Cuttermesser ausschneiden. Die ausgeschnittenen Formen auf der Rückseite mit kleinen Fotoklebern umranden. Für den Kelch einen 10-Euro-Schein, für die Hostie den silbernen Streifen eines 5-Euro-Scheins und für die Ecken die silbernen Streifen von vier 5-Euro-Scheinen hinter die Ausschnitte kleben. Alle Scheine, die über den Rand des Papiers herausragen, nach innen umfalten und festkleben. In gleicher Größe ein weiteres Papier anfertigen und als Sichtschutz mit Fotoklebern über die Scheine kleben.

Der Weihnachtsmann

Beschreibung finden Sie ab Seite 30.

Material

- 7 Scheine á 10 Euro
- 2 Puppenhände, 1,4 cm x 3,2 cm
- 2 Marionettenfüße, 3 cm x 2,8 cm
- Blumendraht, ø 0,8 mm
- Tonpapier, einfach und verschieden gemustert
- Filz in Schwarz, Weiß
- Wasserfeste Filzstifte in Schwarz und Rot
- 1 Styroporei, 6 cm
- 1 Holzkugel, ø 4 cm
- Holzschlitten, 12 cm
- Samtfaden in Grün, ø 2 mm
- Wattekugel, ø 1,2 cm
- Wattepad
- 2 Holz-Schaschlikstäbe
- Teppichklebeband
- Küchen- oder Toilettenpapier

Vorlagenbogen B

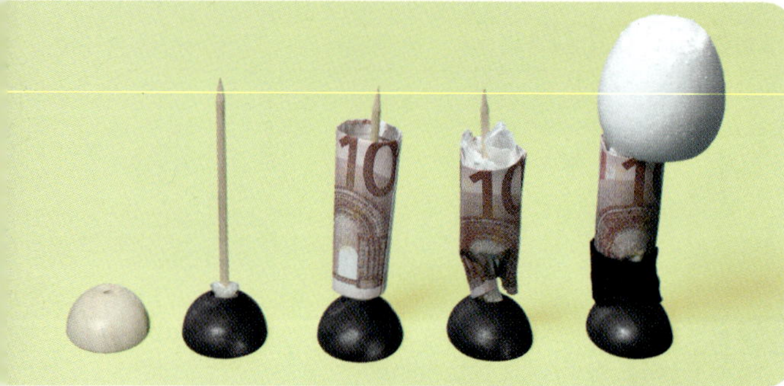

Zwei Holzhände und -füße mit schwarzem Filzstift bemalen. Zwei Schaschlikstäbe von der Spitze an auf 8,5 cm kürzen. Stäbe mit der stumpfen Seite mit Teppichklebeband in den Holzfüßen befestigen. Von zwei Scheinen den linken Rand 4 cm und den oberen Rand 5 mm nach hinten falten und fixieren. Aus jedem dieser beiden Scheine eine Röhre mit 2 cm Überlappung formen und das Ende mit Fotoklebern befestigen. Die Röhren auf die Stäbe setzen und am Fuß mit den Fingern leicht zusammendrücken. Aus schwarzem Filz zwei 7 cm x 2 cm große Stücke schneiden und mit Fotoklebern als Stiefel befestigen. Beine mit Küchen- oder Toilettenpapier fest ausstopfen, sodass der Stab in der Mitte bleibt. Die Beine in das breitere Ende eines oben und unten auf eine Höhe von 4 cm eingekürzten Styroporeis stecken.

Für den Körper zwei Scheine mit Fotoklebern und 5 mm Überlappung an der Längsseite aneinander kleben und laut Vorlage falten. Beide Seiten zusammenführen und fixieren. Um den unteren Rand des so entstandenen Körpers mit Fotoklebern ein Stück weißen Filz in der Größe 1,5 cm x 23 cm kleben. Für die Arme den rechten und linken Rand von zwei Scheinen nach hinten falten, sodass ein 7 cm langer Streifen

Delf
Tammo
Conny
Malte

verbleibt. Nur den längeren umgeknickten Teil mit Klebefilm befestigen. Schein umdrehen. Vom Vorlagenbogen die Größe des Ärmels mit Bleistift auf den Schein übertragen. Die obere Ärmelrundung entsteht durch Umfalten des Scheines in kleinen Schritten. Seiten zu einer Ärmelrolle zusammenbiegen und fixieren. Ärmel mit weißem Filz in der Größe 1 cm x 7 cm verzieren. Mit Teppichklebeband die Ärmel fest am Körper anbringen. Um die Handgelenke Teppichklebeband wickeln und im Ärmel befestigen.
Den gesamten Oberkörper auf dem Styroporei mit Teppichklebeband befestigen.
An der Holzkugel den unteren Rand eines Scheins mit Fotoklebern befestigen, zu einer Zipfelmütze zusammendrücken und mit Draht fixieren. Mützenrand mit einem Stück weißen Filz, 1 cm x 14 cm lang, bekleben. Den Mützenbommel aus Watte mit Fotoklebern befestigen. Mit schwarzem Filzstift auf die Holzkugel gemäß Vorlage Augen aufmalen. Rot bemalte Wattekugel mit Teppichklebeband als Nase anbringen. Den Bart und die Augenbrauen aus einem Wattepad ausschneiden und ankleben.
Die Holzkugel auf eine Drahtschlaufe setzten, deren Enden durch den Schein in das Ei gesteckt werden. Draht zusätzlich mit Teppichklebeband umwickeln, damit der Kopf gut haftet. Übergang zwischen Holzkugel und Körper mit einem 1 cm x 10 cm großen Stück weißen Filz als Kragen verdecken. Enden unter den Bart legen.

Die Pakete auf dem Schlitten vom Vorlagenbogen aus verschiedenen Tonpapieren anfertigen. Die Päckchen mit Schleifen aus Samtfaden verzieren und mit Teppichklebeband auf dem Schlitten fixieren.